RENARD · DIE LUST SICH ZU TRENNEN

JULES RENARD
DIE LUST SICH ZU TRENNEN

Aus dem Französischen von
Cornelia Hasting

Mit einem Nachwort von
Vincenzo Orlando

Verlag Klaus G. Renner

Titel der französischen Originalausgabe
Le Plaisir de rompre
Le Pain de ménage

Umschlagabbildung: Amedeo Modigliani *Sitzender weiblicher Akt auf einem Diwan*, 1917
Gesamtherstellung: Kösel, Kempten
Printed in Germany
ISBN 3-927480-07-X

Die Lust sich zu trennen

Dem jungen Meister der dramatischen Dichtkunst
EDMOND ROSTAND
Hommage eines Schriftstellers und Erinnerung an einen Freund

14. April 1897

Paris. Ein kleiner Salon im V. Stock. – Alles, was eine Frau, die viel geliebt hat und nicht reich dabei geworden ist, hier an Geborgenheit schaffen kann, Nippes, die man ihr geschenkt hat, zusammengewürfeltes Mobiliar. – Im Hintergrund ein Kamin. – Links eine Tapetentür. – Rechts ein Tisch. – In der Mitte ein Puff. – Ein aufgeklapptes Klavier. – Billige Blumen. – An der Wand ein paar Bilder. – Holzfeuer. – Eine brennende Lampe.

BLANCHE, dann MAURICE

Blanche sitzt an ihrem Tisch. Hauskleid. Alte Spitze, ihr einziger Luxus, ihre ganze Erbschaft. Sie hat ihre Schubladen durchwühlt, Papiere verbrannt, ein schmales Seidenband um ein Päckchen gebunden. Sie nimmt einen alten Brief aus einer Schachtel und liest ihn. Oder vielmehr sie liest nur die bekannten Sätze. Der eine rührt sie zutiefst. Bei einem anderen schüttelt sie den Kopf. Ein weiterer schließlich läßt sie hell auflachen. Es läutet. Blanche legt ohne Eile den Brief zurück in die Schachtel und die Schachtel in die Tischschublade. Dann geht sie selbst an die Tür, um zu öffnen. Maurice kommt herein. – Schon bei seinen ersten Sätzen, seinen ersten Bewegungen merkt man, daß er sich zu Hause fühlt.

MAURICE *hebt jedes Wort hervor:* Guten Tag, meine schöne, teure Freundin.

BLANCHE *weniger künstlich:* Guten Tag, mein Freund. *Maurice möchte sie umarmen, aus Gewohnheit, Höflichkeit und um der Gefahr zu begegnen. Sie weicht zurück.*

MAURICE Oh! als Freunde.

BLANCHE Jetzt nicht mehr.

MAURICE Ich versichere Ihnen, daß mich das nicht aus der Fassung bringen würde.

BLANCHE Mich auch nicht; genau gesagt: es erübrigt sich... Haben Sie alles erledigt?

MAURICE *Legt seinen Hut und seinen Stock auf einen Stuhl, setzt sich links vom Kamin, streckt die Hände zum Feuer, facht es an, versucht, sich seine Verlegenheit nicht anmerken zu lassen. Blanche hat sich wieder an den Tisch gesetzt, dem Platz gegenüber, an dem sie den Brief gelesen hat.*
Alles, und nun bin ich hundemüde. Kann man nicht als Junggeselle einschlafen und als verheirateter Mann wieder aufwachen? Erst war ich beim Rathaus, habe es hier versucht, dann dort, dann rechts, dann links, dann am Ende vom Gang, ich habe verschiedene bleiche Herren ausgefragt, die meine Heirat nicht sehr zu erschüttern scheint... Von da aus bin ich zum Schneider gegangen und habe meinen Anzug anprobiert. Hier empfiehlt er mir unbedingt ein bißchen Watte. Bei mir ist tat-

sächlich eine Schulter ein wenig tiefer als die andere.

BLANCHE Das war mir nicht aufgefallen.

MAURICE Jetzt, wo es Ihnen egal ist, kann ich es ja sagen.

BLANCHE Ich werde es nicht weitersagen.

MAURICE Von dort bin ich zur Kirche gegangen. Es sieht so aus, als müßte ich zur Beichte.

BLANCHE Bestimmt. Ihre Seele muß doch wieder instand gesetzt werden.

MAURICE Die einen versichern mir, der Beichtzettel sei käuflich, die anderen, ich träfe auf einen Griesgram von Priester, der mir, wenn ich als Mann von Welt und als Freidenker aufträte, sagt: »Darum handelt es sich nicht mein Junge. Sind Sie Christ, ja oder nein? Wenn Sie Christ sind, knien Sie nieder und prüfen Sie Ihr Gewissen.« Ich sehe mich schon als Witzfigur, wie meine Lackstiefel über die Steinplatten scharren. Gemütliche Viertelstunde!

BLANCHE Sie werden wohl mehr als eine Viertelstunde brauchen, fürchte ich. Mein armer Freund, Ihre Verlobte wird Ihnen ein solches Opfer zu danken wissen!

MAURICE *Steht auf und lehnt sich an den Kamin.* Das ist mir sehr lästig... Und sagen Sie *zögernd* meine liebe Freundin, Sie denken nicht daran, sich aus dem Staube zu machen, Sie werden bestimmt bei der Hochzeit zugegen sein?

BLANCHE Sie laden mich immer noch ein?

MAURICE Natürlich. Zur Trauung.

BLANCHE Ich komme.

MAURICE Ich rechne mit Ihnen. *Kühl* Wir werden unseren Spaß haben, *fröhlicher* Sie vor allen Dingen. Sie werden sehen, wie ich die Stufen vor der Kirche herabschreite, mit der Kleinen in Weiß.

BLANCHE Sie werden es sehr gut machen.

MAURICE Gegen meinen Willen, denke ich, soll ich es sagen? Ach, Ihnen kann ich alles sagen ... *Er setzt sich auf den Puff, gegenüber von Blanche.* Ich denke an weibliche Rachegeschichten.

BLANCHE Aha! Sie wollen mich aushorchen! Also, mein Freund, lassen Sie diese Ideen. Sie sehen damit so einfältig aus. Das ist doch etwas Gräßliches, ein Mann, der Angst hat. Und Sie haben Angst und werden sich weiter hinter Ihrem Ellbogen verschanzen. Die Heiligen in ihrer Nische werden lachen. Sie hätten es verdient! ... aber ich hätte Angst mir das Kleid zu verbrennen.

MAURICE Sie Quälgeist! Sie irren sich. Sie können mich nicht erschrecken. Ich habe sogar die Absicht, Sie meiner Frau vorzustellen, als eine Verwandte.

BLANCHE Oder als Hauslehrerin für die zukünftigen Kinder. Später werde ich sie hüten, und Sie können verreisen.

MAURICE Schon süßsäuerlich! Das fängt ja schlecht an.

BLANCHE Außerdem gehen Sie mir auf die Nerven mit Ihrem Abrechnungssystem. *Sie steht auf und gibt Maurice die Karte der Blumenhändlerin zurück, und die Karte von Madame Paulin.* Ich bin bei der Blumenhändlerin gewesen. Sie wird Ihnen jeden Morgen einen Strauß zu zehn Francs liefern.

MAURICE Zehn Francs?

BLANCHE Oh! Ich habe gehandelt. Bei dieser Kälte ist das nicht zu teuer.

MAURICE Nein, wenn die Blumen schön sind, und man sie ins Haus gebracht bekommt.

BLANCHE Sie werden gebracht. Ich habe Madame Paulin gebeten, Ihnen einen Ring herauszusuchen, einen Fächer, eine Bonbonnière und einige kleine Nippes. Ich habe gesagt, Sie wollten großzügig sein, ohne Übertreibung, versteht sich.

MAURICE Genau. *Mit leichter Unruhe.* Und das wird zahlbar?

BLANCHE Wann es Ihnen beliebt, später, nach der Hochzeit.

MAURICE *beruhigt:* Ich danke Ihnen. *Er steht auf; die beiden sind durch den Tisch voneinander getrennt.* Wahrhaftig, Sie sind keine Frau wie die anderen.

BLANCHE Keine Frau ist wie die anderen. Was für eine Frau bin also ich?

MAURICE *nimmt Blanches Hand.* Eine Frau von Takt.

BLANCHE Da alles abgemacht ist, hören Sie auf.

MAURICE Einverstanden. Oh! Bis zu diesem letzten Besuch sind wir vollendet gewesen. Aber es ist mein letzter Besuch. Wir werden uns nicht wiedersehen.

BLANCHE Wir werden uns als Freunde wiedersehen, Sie sagten es gerade.

MAURICE Ja, aber anders nicht mehr. Und auf der Treppe hatte ich so ein unbestimmtes Angstgefühl.

BLANCHE Warum?

MAURICE Weil...

BLANCHE In mir ist nicht der geringste Groll. Als ich mich Ihnen hingegeben habe, wußte ich doch, daß ich mich hinterher wieder zusammenflicken müßte! Wenn das Losreißen schmerzhaft war...

MAURICE Da war kein Ende abzusehen. Unsere beiden Herzen hielten gut.

BLANCHE Heute sind sie sauber voneinander gelöst. In dieses Päckchen habe ich die letzten Wurzeln gelegt: ein paar Photos, Ihre Geburtsurkunde, ich war so neugierig sie mir anzusehen, wie jung Sie noch sind! …

MAURICE Mit Ihnen wird man nicht alt.

BLANCHE … und ein geliehenes Buch. Das wär's.

MAURICE Das lasse ich mir gefallen! Mit Ihnen ist es eine Lust sich zu trennen.

BLANCHE Mit Ihnen auch.

MAURICE Wir machen es gut, sehr gut. Es geschieht recht selten, sich so zu verlassen. Wir haben uns geliebt, wie man sich nur lieben kann, wie man sich nicht zweimal im Leben liebt, und wir gehen auseinander, weil es sein muß, ohne Szenen, ohne die geringste Bitterkeit.

BLANCHE Wir trennen uns nach Kräften.

MAURICE Wir geben das Beispiel für die ideale Trennung. Ach! Blanche, Sie können sicher sein, sollte einmal jemand schlecht über Sie reden, dann bin ich es nicht.

BLANCHE Ich für meinen Teil werde Sie nur verleumden, wenn es mir etwas nützt … *Sie setzt sich rechts und Maurice links an den Tisch.* Geben Sie mir mein Bild zurück?

MAURICE Ich behalte es.

BLANCHE Es wäre besser, es mir zurückzugeben

oder es zu zerreißen, als es in die unterste Ecke eines Koffers zu werfen.

MAURICE Ich will es aber behalten, ich werde sagen, es sei das Bild einer Schauspielerin, die ganz wunderbar war, in einem Stück, das ich mir angeschaut hatte.

BLANCHE Und meine Briefe?

MAURICE Ihre zwei oder drei kühlen Briefe, Briefe einer Kundin an ihren Lieferanten ...

BLANCHE Ich verabscheue es, zu schreiben.

MAURICE Ich werde sie auch behalten. Bei Bedarf werden sie mich schützen.

BLANCHE Regen Sie sich nicht auf, sprechen wir in aller Ruhe über Ihre Hochzeit. Haben Sie die Kleine heute schon gesehen?

MAURICE Kaum fünf Minuten. Sie ist dermaßen mit ihrer Aussteuer beschäftigt! Und der große Tag rückt näher!

BLANCHE Liebt sie die schönen Dinge?

MAURICE Ja, wenn sie recht teuer sind.

BLANCHE Sagen Sie ihr, daß Blau die Farbe der Blonden ist. Ich habe hier einen sehr gelungenen Schnitt, den werde ich ihr leihen. Hat sie Geschmack?

MAURICE Sie hat den der Mode.

BLANCHE Sie werden sie einschüchtern.

MAURICE Ich hoffe es.

BLANCHE Wie verhält sie sich in Ihrer Gegenwart, wie ist sie zurechtgemacht, wie gibt sie sich?

MAURICE Wie ein Sessel unter seiner Schutzhülle.

BLANCHE Nein, im Ernst, finden Sie sie hübsch?

MAURICE Sie sind hübsch.

BLANCHE Ich spreche von ihr: Finden Sie sie hübsch?

MAURICE Hübsch und frisch wie der Titel: Im Frühling.

BLANCHE Nun sagen Sie schon, gefällt Sie Ihnen? ... Oh! Schonen Sie mich nicht!

MAURICE Sie mißfällt mir immer weniger.

BLANCHE Denken Sie daran, daß ich es war, die sie Ihnen gezeigt hat.

MAURICE Die Fährte war gut.

BLANCHE *während sie ein Buch aufschneidet:* Ich bin froh darüber. Ist sie launisch? *Maurice, innerlich abwesend, antwortet nicht mehr. Blanche berührt ihn am Arm.* Was gibt es da zu schauen?

MAURICE Ich fülle mir die Augen. Ich decke mich ein mit Erinnerungen! Mit all diesen Blumen sieht Ihr Salon so festlich aus.

BLANCHE Ist sie launisch, hat sie Vorlieben?

MAURICE Sie mag alles, was ich mag.

BLANCHE Das wird bequem sein.

MAURICE Wir werden nicht zwei verschiedene Essen kochen müssen.

BLANCHE Sie sind aber geistreich heute abend.

MAURICE Das ist das Bukett meines letzten Feuerwerks.

BLANCHE Und es macht Ihnen nichts aus, so von einem jungen Mädchen zu sprechen, das Ihre Frau sein wird?

MAURICE Ist es an Ihnen, mir das vorzuwerfen? Sie wissen sehr gut, daß ich ein wenig Ihnen zu Gefallen in diesem Ton spreche.

BLANCHE Werden wir nicht rührselig.

MAURICE Ich bin nicht rührselig. Wir plaudern über unsere kleinen Angelegenheiten. Selbst Monsieur Guireau könnte zuhören.

BLANCHE Lassen Sie doch Monsieur Guireau in Ruhe. *Sie erhebt sich und macht langsam ein paar Schritte.*

MAURICE Erlauben Sie, teure Freundin, Ihre Heirat interessiert mich ebensosehr wie die meine; ich möchte nicht egoistischer aussehen als Sie, und da Sie um meine Zukunft besorgt sind, ist es das wenigste, daß ich mir über Ihre Zukunft Gedanken mache. Wir bringen uns gegenseitig unter die Haube.

BLANCHE Ja ... aber sprechen wir von etwas anderem. *Sie setzt sich links vom Kamin.*

MAURICE Ganz im Gegenteil! Im Gegenteil! Ich gebe Ihnen Auskunft über meine zukünftige

Frau, und ich verlange, über Ihren zukünftigen Mann aufgeklärt zu werden. Sonst müßte ich glauben, Sie hätten Hintergedanken. Diese wechselseitige Inquisition ist der beste Beweis für unseren guten Willen. Nicht nur, daß ich überhaupt keinen Grund habe, auf Monsieur Guireau eifersüchtig zu sein, ich möchte ihn vielmehr kennenlernen. Ich habe ihn nur einmal kurz gesehen, und er hat einen ausgezeichneten Eindruck auf mich gemacht. Besucht er Sie häufig?

BLANCHE Regelmäßig alle vierzehn Tage.

MAURICE Ein gutes Zeichen! Ein Mann, der vierzehntägig erscheint, ein ordentlicher Mann. Wie heißt er?

BLANCHE Guireau.

MAURICE Sein Vorname?

BLANCHE In seinem Alter hat man keinen Vornamen mehr.

MAURICE Aber wie nennen Sie ihn?

BLANCHE Ich nenne ihn Monsieur Guireau.

MAURICE Immer?

BLANCHE Ja, immer. Sind Sie fertig mit dem Untersuchungsrichter spielen?

MAURICE Es gefällt mir. Gönnen Sie mir doch ein bißchen Spaß.

BLANCHE Wie es Ihnen beliebt.

MAURICE Und was machen Sie zusammen?

BLANCHE Was sollen wir denn Ihrer Meinung nach tun?

MAURICE Er küßt Ihnen nur die Fingerspitzen?

BLANCHE Kaum. Wir plaudern. Er hat etwas zu sagen. Er berät mich; er warnt mich vor schlechtem Umgang. Und außerdem ist er ein Musiker ersten Ranges. Und manchmal bringt er seine Geige mit. *Maurice sieht sich um* ... Er nimmt sie wieder mit.

MAURICE Und später, wenn das Gespräch versiegt, und die Musik schweigt?

BLANCHE Sie gehen zu weit. *Sie steht auf.* Ich habe das Recht, die Antwort zu verweigern.

MAURICE Sie möchten lieber, daß ich rate?

BLANCHE Was raten? Sie denken sofort ... Es gibt noch andere Dinge im Leben, und von jetzt an möchte ich ernsthaft und realistisch sein. Oh! Das wird mich kaum etwas kosten. Ich habe meine Liebe gehabt, ich kann auf die Liebe verzichten.

MAURICE So, so!

BLANCHE Aber ja. Übrigens, Monsieur Guireau weiß sich zu benehmen. Er ist ein väterlicher Freund, der mich um meiner selbst willen liebt, nicht aus Eigennutz, und wissen Sie, er erweckt in mir eine dauerhafte Zuneigung und gibt sich damit zufrieden. *Sie hat sich auf den Puff gesetzt.*

MAURICE Ein frugaler Verehrer!

BLANCHE Ich habe Glück. Gut erzogene Männer sind selten. Monsieur Guireau wahrt die Sitten des letzten Jahrhunderts. Er kündigt mir seinen Besuch immer zwei Tage im voraus an.

MAURICE Und er sagt Ihnen nicht einen einzigen Satz, der feuriger wäre als die übrigen?

BLANCHE Da staunen Sie wohl, daß er mich achtet? Monsieur Guireau kann sicher sein, in Gesellschaft einer ganz und gar nicht unangenehmen Frau zu leben, die ihm ein fröhliches Gesicht zeigen wird, ihm bereitwillig zuhören, sein Haus in Ordnung halten, seine Freunde empfangen, ihn umsorgen und niemals langweilen wird, und er verlangt nicht, daß ich ihm mehr verspreche.

MAURICE *während er das Päckchen in der Hand wiegt:* Und wenn er von unserer Vergangenheit erfährt?

BLANCHE Er würde sich nichts anmerken lassen.

MAURICE *steht auf:* Der gute Mann! Er setzt einen Schlußpunkt. Ich setze auch einen Schlußpunkt, und Sie auch. Drei Leute machen auf einen Schlag Schluß. Eine Katastrophe!

BLANCHE Ohne Opfer.

MAURICE Noch eine Frage. Aber ich stelle sie nur

zum Spaß, so wie man zu einem kleinen Mädchen sagt: Wen magst du lieber, deinen Papa oder deine Mama? *Bedeutsam* Wenn ich Sie darum bäte, würden Sie auf Monsieur Guireau verzichten?

BLANCHE Ich finde, wir sind an einem Punkt, an dem diese Frage überhaupt keinen Sinn hat.

MAURICE *setzt sich Blanche gegenüber:* Ich stelle sie doch nur zum Spaß, antworten Sie zum Spaß.

BLANCHE Erinnern Sie sich, daß Sie mir eines Abends sehr aufgeregt einen Heiratsantrag gemacht haben, mit mir fortgehen wollten, in einem Bahnwärterhäuschen leben, nur das tägliche Brot, nach Algerien ziehen, wo das Leben so billig ist! Was habe ich Ihnen geantwortet?

MAURICE *sehr langsam:* Daß Sie sich vor dem Elend grausen würden, daß trockenes Brot Ihnen zuwider sei, selbst wenn es das eigene wäre, daß Sie Umzüge abscheulich fänden, daß Sie nicht die geringste Begabung zum Pionier hätten und mit Ihren zehn Fingern nichts anderes anzufangen wüßten, als zu streicheln; das war es, was Sie mir geantwortet haben.

BLANCHE Sie wissen also seit langem Bescheid. War's das?

MAURICE Das war's. *Blanche steht auf und geht zum Kamin.* Wann ist die Hochzeit?

BLANCHE Welche?

MAURICE Ihre.

BLANCHE Oh! Uns drängt nichts.

MAURICE An Ihrer Stelle würde ich einen Termin ausmachen, vorsichtshalber.

BLANCHE Sie ist auf nächstes Jahr verschoben.

MAURICE Brauchen Sie einen Winter, um Ihr Herz zu lüften? Sie irren sich. *Er steht auf und geht um den Tisch herum zum Kamin.* Wenn man einmal zur Heirat entschlossen ist, muß man, den Kopf voran, hineinspringen. Wie ich.

BLANCHE *Sie lehnen mit dem Rücken am Kamin, Blanche links, Maurice rechts.* Der Traum wäre vielleicht, daß wir beide am selben Tag heiraten.

MAURICE Warum nicht? Meine Ermittlung hat ergeben, daß ich Monsieur Guireau sehr schätze.

BLANCHE Er würde Sie auch sehr mögen.

MAURICE Das wäre prickelnd gewesen, uns miteinander bekannt zu machen, uns gegenüberzustellen.

BLANCHE Ich würde die Gelegenheit nicht suchen, aber ich würde es auch nicht vermeiden. Monsieur Guireau kennt das Leben.

MAURICE Wie die Mutter meiner Braut. Die kennt das Leben auch. Sie versteht es, daß ich Geliebte gehabt habe, daß ich durchs Feuer gegangen bin, und es genügt ihr, wenn ich mich spätestens am Vorabend meiner Hochzeit von Ihnen trenne.

BLANCHE Um so schlimmer, wenn ihre Tochter eifersüchtig auf die Vergangenheit ist!

MAURICE Die Mutter wird ihr erklären, daß sich das nicht vergleichen läßt.

BLANCHE Eine großartige Frau.

MAURICE Eine Frau mit gesundem Menschenverstand, einfach und fröhlich, sehr fröhlich! Die würde ihre Tochter alle Tage verheiraten. *Er setzt sich auf den Platz, an dem Blanche saß, als der Vorhang sich hob.*

BLANCHE Sie haben sie erobert?

MAURICE Vollkommen.

BLANCHE Vorausgesetzt es ist von Dauer.

MAURICE Oh! Wenn ich auch für die Tochter nicht einstehen kann, die Mutter hab' ich sicher. Wenn sie mein Photo anschaut, sagt sie: »Dieser Junge kann unmöglich ein unredlicher Mann sein; da wäre ich kein Menschenkenner, wenn der nicht Berthe glücklich macht.«

BLANCHE Sie hat recht, ich bin überzeugt, daß Sie einen mustergültigen Ehemann abgeben werden. Sie haben die nötigen Qualitäten.

MAURICE Aber, meine liebe Freundin, Sie werden eine ausgezeichnete Gattin sein. Er wird sehr glücklich sein mit Ihnen.

BLANCHE Mit Ihnen wird Berthe sehr glücklich sein. Arme Kleine!... *Ein langes Schweigen. Dann nähert Blanche sich Maurice. Schließlich sitzen sie sich gegenüber, durch den Tisch voneinander getrennt.* Ich würde gerne sehen, wie Sie ihr den Hof machen.

MAURICE Ich bin nicht zu unbeholfen.

BLANCHE Sie fangen es geschickt an.

MAURICE Genauso geschickt wie bei Ihnen.

BLANCHE Und Sie kommen voran?

MAURICE Ich habe berechtigte Hoffnungen, daß es läuft. Mir scheint sogar, daß sie mir weniger Mühe machen wird als Sie.

BLANCHE Sie sind tüchtiger, es ist das zweite Mal.

MAURICE Sie haben mir besser widerstanden.

BLANCHE Das war keine Koketterie. Ich glaubte, mein Leben als Frau wäre zu Ende, und ich war nicht entschlossen, mich in ein neues Herzensabenteuer zu werfen. Die vorigen hatten mich nicht reicher gemacht. Ohne es darauf anzulegen, hatte ich nur Arme geliebt.

MAURICE Und das war nicht mit meinen zweitausendvier...

BLANCHE Ich dachte schon an irgendeine Vernunftheirat und mir fehlte, das gebe ich zu, nur die Gelegenheit. Deshalb habe ich Ihnen widerstanden. Und dann wirkten Sie so jung! Sie hatten noch die linkische Art eines – Rekruten. Und Sie waren mager! Mager!

MAURICE In dieser Beziehung habe ich gewonnen.

BLANCHE Darauf bilde ich mir etwas ein. Sie haben zugenommen unter meinem Régime, und ich übergebe Sie der nächsten in gutem Zustand.

MAURICE In gutem Zustand, was die vom Mieter zu leistenden Instandsetzungsarbeiten anbelangt.

BLANCHE Oh!

MAURICE Ich will damit sagen, daß ich wohl noch einen zweiten Mietvertrag unterschreiben würde.

BLANCHE Ich nicht. Sie sind nicht mehr derselbe. Den ich aufgenommen hatte, war fast noch ein Kind, und ein Mann ist es, der wieder geht. Das Kind mochte ich lieber. Sie waren eher häßlich, und das Alter macht Sie ...

MAURICE Das Alter macht mich schöner?

BLANCHE Nein. Macht Sie fader. Sie haben weniger Würze, weniger dichterischen Schwung. Sie sagten so poetische Dinge aus einer anderen Welt. Ich versichere Ihnen, daß man manchmal hätte glauben können, Sie sprächen in Versen.

MAURICE Und manchmal waren es auch welche, aber von einem anderen; ich habe nur zitiert, aus

Vorsicht. Ich erinnere mich: da waren welche von Musset in der Liebeserklärung, die ich Ihnen geschrieben und die Sie meinem Vorgänger vorgelesen haben.

BLANCHE Wie! Sie trauen mir diese Taktlosigkeit zu?

MAURICE Ich traue Sie Ihnen zu, weil Sie es mir gesagt haben, später, in einem ins Ohr geflüsterten Geständnis.

BLANCHE Sie erstaunen mich.

MAURICE So war es, bestimmt. Mein Vorgänger hat wohl gelacht, und Sie auch, Sie haben auch gelacht. Wie gemein das war!

BLANCHE Sehr gemein. Bei mir hat es damit angefangen, daß ich mich über Sie lustig gemacht habe: das ist die Regel. Und bei Ihnen hätte es damit geendet, daß Sie sich über mich lustig gemacht haben würden, wenn ich nicht vorher eingeschritten wäre.

MAURICE Das ist die Regel.

BLANCHE Im übrigen hat es immer ein wenig Heiterkeit in meinen Gefühlen für Sie gegeben. Ich hatte Spaß daran, Sie zu formen. Ich will mich nicht rühmen, Sie waren zwar intelligent, aber dank meiner sind Sie vornehm geworden. Jetzt haben Sie Stil. Sie fluchen nicht mehr. Sie sprechen höflich mit Frauen und behalten dabei

Ihre Zigarette nicht mehr im Mund. Sie tragen Handschuhe. Sie pflegen Ihre Hände. Sie räumen Ihre Sachen auf. Ich war es, die Ihnen den Gebrauch von Strumpfhaltern beigebracht hat, und Ihre Socken rutschen Ihnen nicht mehr auf die Schuhe.

MAURICE Als Gegenleistung für diese winzigen Vorteile habe ich Sie gelehrt, einer Zahl Gestalt zu geben. Ihre Dreien sahen aus wie Dromedare.

BLANCHE Und ich habe Ihren Haarschnitt geändert, den Scheitel verschwinden lassen, und ich habe Ihnen beigebracht, Ihre Krawatte zu binden.

MAURICE Und Sie haben mir noch manch andere Sachen beigebracht.

BLANCHE Oh! Sie waren nicht schwer von Begriff.

MAURICE Ich habe mir solche Mühe gegeben!

BLANCHE Und Sie waren kein undankbarer Flegel. Ich habe einen Beweis für Ihre Dankbarkeit, der mir sehr teuer ist, und den ich hüte.

MAURICE Einen Beweis?

BLANCHE Sie wissen, daß ich jedesmal, wenn ich einen Brief von Ihnen bekam, diesen verbrannte, da ich Ihnen unmöglich Ihre gefährliche Schreibwut durchgehen lassen konnte.

MAURICE Ohne ihn zu lesen?

BLANCHE Ich habe ihn gelesen, aber dann habe ich ihn sofort verbrannt.

MAURICE Die Nachwelt wird Sie richten.

BLANCHE Nun ja, einen von diesen Briefen habe ich behalten. Ich konnte mich nicht davon trennen. Ich hänge zu sehr daran. Er ist das Zeugnis des Glücks, das Sie mir zu verdanken haben, etwas wie das Patent unserer Liebe und Ihrer Dankbarkeit.

MAURICE Er ist sicher lang.

BLANCHE Er hat vier eng beschriebene Seiten.

MAURICE Die langen Briefe kommen von Herzen.

BLANCHE Oh! Dieser kommt aus Ihrem Herzen. Ich las ihn wieder, als Sie hereinkamen, ich konnte nicht anders, ich mußte ihn lesen.

MAURICE Wo ist er? Zeigen Sie ihn her...

BLANCHE Ich zeige nie meine Briefe.

MAURICE Da ich ihn doch geschrieben habe.

BLANCHE Das stimmt. Meinetwegen; stehen Sie auf!

Sie erhebt sich, setzt sich auf den Platz von Maurice, zieht die Schublade auf, nimmt die Schachtel heraus und zeigt sie Maurice, der neben ihr stehen bleibt.

MAURICE Nougat aus Nevers!

BLANCHE Ich verbiete Ihnen zu lachen.

MAURICE In dieser Schachtel verstecken Sie Ihre Briefe?

BLANCHE Ich verstecke darin nur Ihren Brief, zusammen mit zwei oder drei Schmuckstücken aus der Familie.

MAURICE An diesem gelben Umschlag erkenne ich ihn wieder, an diesem Briefpapier, das es umsonst gab. Ich habe ihn in einem Café geschrieben. Ich kam von Ihnen, aus Ihren Armen. In den Fingern, die eben noch der Länge nach über Ihre Schönheit geglitten waren, hatte ich noch eine Spur von Zittern. Ich habe sicher nicht auf meine Schrift geachtet.

BLANCHE Ihr Bestes liegt darin.

MAURICE Ja, ich erinnere mich, daß ich an diesem Tisch aus kaltem Marmor, auf dem meine Hände langsam erstarben , das Bedürfnis empfand, Ihnen Dank zu sagen, zu singen.

BLANCHE Da ist kein Datum, kein Name, kein Vorname.

MAURICE Ich erinnere mich, ich erinnere mich. Es fängt gleich wie eine Hymne an.

BLANCHE *liest:* »Sie sind schön und Sie sind gütig. Ich bete Ihr ganzes Wesen an, den Körper, das Herz und die Seele mit allen Nebengebäuden ...« *Sie lacht.*

MAURICE *unterbricht sie:* Welch schönes Buch könnte man über unsere Liebe schreiben!

BLANCHE *indem sie auf den Brief zeigt:* Man

brauchte ihn nur abzuschreiben. *Sie liest, so als würde sie nur einzelne Abschnitte hervorheben.* »Sie sind so nachsichtig mit den Fehlern anderer, daß man die Ihren liebt . . .; Sie brüsten sich nicht mit Ihrem Geist. Sie hätten es gern, wenn man von Ihnen sagte: das ist eine zauberhafte Frau, und nicht: das ist eine Frau mit Verdiensten . . .« Und hier! »Sie verurteilen nur Leute, die zuerst andere schlecht gemacht haben. Wenn es ab und zu passiert, daß Sie lügen . . .« Passiert mir das?

MAURICE Oh! sehr selten, und dann harmlos, so wie man sich die Haare färbt, nur weil Sie es für einen zusätzlichen Reiz halten.

BLANCHE »Sie lieben die große Toilette, weil Sie Ihnen steht, das Theater, weil man dort lacht und die Gesellschaft, weil eine Frau Ihres Alters nicht leben kann wie ein Wolf. . .« Oh, hier! »Sie sind mit Fug und Recht faul, weil Ihrer Meinung nach die Rolle einer schönen Frau darin besteht, schön zu bleiben und man ihr, selbst ohne daß sie es verlangt, Kleidung, Taschengeld und Nahrung und Unterkunft schuldig ist . . .« *Sie lacht.*

MAURICE Das steht da?

BLANCHE *reicht ihm den Brief:* Hier.

MAURICE Tatsächlich . . . »Sie geraten nie in Wut; die Explosionen der Liebe fürchten Sie wie den

Teufel, und auf der Stelle, ohne Diskussion, nur um des lieben Friedens willen, würden Sie einem Mann nachgeben, der mit blutunterlaufenen Augen auf Sie losginge, während sein Gesicht ein grünes Licht verbreitet ...« *Sie lachen beide.*

BLANCHE Das ist nun übertrieben. Ich würde dem Herrn höflich die Tür weisen. Aber es war nett, mir das zu schreiben. Weiter?

MAURICE *auf Blanches Sessel gestützt, fährt fort, den Brief vorzulesen:* »Und Sie lieben es, auf feine Art geliebt zu werden, dann und wann Veilchen zu zwei Sous geschenkt zu bekommen, einen Rumkuchen, ein Stückchen Spitze, eine Spazierfahrt im Wagen, diese kleinen Aufmerksamkeiten, die nichts kosten und das Herz der Frauen wärmer halten, als die Federboa um ihren Hals ...«

BLANCHE Ja, ich liebe es, so geliebt zu werden.

MAURICE *liest mit wachsender Erregung und Blanche wendet sich langsam ab.* »Kaum habe ich heute Nacht Zeit gehabt, Sie zu umarmen. Ich habe nicht genug, nicht so wie ich es ersehnte, von Ihnen Besitz ergriffen. So wie ein schüchterner Besucher, wenn er einmal wieder vor der Tür ist, noch in Gedanken durchgeht, was er hätte sagen müssen, überfliege ich Sie von Kopf bis

Fuß und sage mir: dahin hätte ich ganz besonders meine Lippen setzen sollen, auch dahin, und da, und nicht ein einziges Mal, schöne, liebe Freundin, hätte ich den Kopf heben dürfen ...« *Er läßt den Brief fallen.* Sie sind die Frau, die ich erträumte ... Und ich verlasse Sie!

BLANCHE *erhebt sich:* Maurice, Maurice, Sie kommen vom Text ab.

MAURICE *nimmt Blanches Hände:* Blanche, Blanche, ich habe Sie geliebt, mit der ganzen Glut meines Herzens, und ich glaube, selbst in diesem Augenblick sind Sie meine einzige, meine wahre Frau.

BLANCHE Ach was! Ich bitte Sie, mein Freund, Sie echauffieren sich. Sie werden noch Dummheiten sagen, und da ich Ihnen nicht erlaube, welche zu machen – was soll das also?

MAURICE Blanche, ein Wort und ich jage die Kleine samt ihrem Vermögen zum Teufel, die Annehmlichkeiten und meine Zukunft: Ich lasse alles sausen.

BLANCHE Das würden Sie tun, Sie?

MAURICE Auf der Stelle. Versuchen Sie ...

BLANCHE *legt ihre beiden Hände auf die Schultern von Maurice:* Danke. Das macht immer noch Freude. Aber ich möchte das Wort nicht sagen. Ich schweige. Ich werde beharrlich schweigen.

MAURICE Deine Augen.

BLANCHE Selbst meine Stirn nicht.

MAURICE Deine Lippen, schnell.

BLANCHE Nichts.

MAURICE Also werde ich alles haben.

BLANCHE Muß ich läuten?

MAURICE Wem läuten? Deine Dienstboten sind nicht da. Dein Hausmädchen kommt nur morgens.

BLANCHE Ich werde mich also ganz allein verteidigen.

MAURICE Gegen mich!

BLANCHE Sie machen mir keine Angst.

MAURICE Ich brenne vor Durst nach Dir.

BLANCHE Ich schwöre Ihnen, daß Sie mit dem Durst wieder gehen werden.

MAURICE Blanche, ich begehre Dich ein letztes Mal. Es wäre köstlich. Es wäre einmalig. Es wäre komisch.

BLANCHE Es wäre zum totlachen.

MAURICE Blanche, hör doch!

BLANCHE Ja, ich höre, es hätte einen feinen Beigeschmack, einen kleinen Beigeschmack von unverbrieftem Ehebruch, noch vor dem verbrieften Recht unserer beiden Ehen. Sie schenken mir gütig ein Schäferstündchen, dann geben wir uns wie Kameraden die Hand, und mit einem

Sprung sind Sie von der einen Frau bei der anderen. Ein Volltreffer, diese Idee.

MAURICE Eine Idee wie jede andere.

BLANCHE Ach, hören Sie auf, Sie sind albern... Sie sind unanständig.

MAURICE Ach, verdammt! Sie sind albern! Was soll's! Wem würden wir wehtun, frage ich Sie, wer würde es erfahren?

BLANCHE Ich!

MAURICE Ja, albern und gemein! Aus kindischem Stolz ziehen Sie sich zurück, um gut dazustehn, und weil Sie beleidigt sind *Blanche zuckt mit den Achseln,* natürlich beleidigt wegen meiner Heirat ... als ob das nicht Ihr Werk wäre! Denn Sie haben mich dazu getrieben, gegen meinen Willen. So hatten Sie eine Entschuldigung für Ihre Heirat, die schon heimlich vorbereitet war. Ich mußte verschwinden, Monsieur Guireau wartete schon an der Tür.

BLANCHE Maurice, ich flehe Sie an!

MAURICE Der Beweis, daß ich die Wahrheit sage, ist, daß ich Ihnen auf der Stelle, ohne Reue, ein Vermögen opfern würde, auf das ich pfeife, und Sie! ...

BLANCHE Das beweist lediglich, daß Sie wirres Zeug reden, Maurice, und daß ich für uns beide vernünftig bin.

MAURICE Oh! Schon gut, schon gut, hören Sie auf zu weinen ...

BLANCHE Ich weine nicht.

MAURICE ... und die Hände zu ringen; ich schokkiere Sie, ich ziehe mich zurück. Schließlich bestand ich darauf, weil ich glaubte, das wäre alles, wonach Sie verlangten. Aber so sehr bestand ich nun auch nicht darauf. Kurz gesagt, ich bestehe nicht mehr darauf. Guten Tag, auf Wiedersehen, gute Nacht, Adieu! Viele Grüße an Monsieur Guireau!

Er trifft alle Anstalten eines scheinbaren Aufbruchs, die darin bestehen, seinen Hut und seinen Stock zu nehmen, die Sachen wieder abzulegen, um sie erneut in die Hand zu nehmen und sie noch einmal hinzulegen.

BLANCHE *mit schmerzlicher Melancholie, ohne Maurice anzusehen:* Mußte es so jämmerlich enden! Sie verlassen mich unter Beschimpfungen, dabei hat heute abend, als Sie kamen, nichts Sie dazu gezwungen, als braver, wilder Junge loyal und zärtlich zu sein bis zum Schluß. Wir waren stolz, einer auf den anderen. Liebende sind nur etwas wert durch die Erinnerungen, die sie sich lassen, und wir haben versucht – und das war eine hübsche Anstrengung – uns kostbare Erinnerungen zu lassen. Ach, Du Narr!

MAURICE *kommt langsam zurück:* Ja, ich Narr. Ich mache alles kaputt. Sie hören nicht auf, eine wunderbare Freundin zu sein, und das Einzige, was mir gelingt, ist, Sie in Wut zu bringen. Ich kenne mich doch. Immer habe ich große Vorsätze, und nie kann ich sie halten. Nichts wird mich ändern. Ich sehe es kommen, daß ich in meinem Leben nicht nur eine Frau martern werde; denn als nächstes, sobald ich Sie verlassen habe, werde ich, wie Sie eben sagten, zu der anderen gehen, zu der, die dort auf mich wartet, und wenn sie nicht ein Engel an Fügsamkeit ist, tut sie mir wirklich leid.

BLANCHE Da malen Sie sich wieder in düstersten Farben. Im Grunde sind Sie nicht böse, Sie haben nur manchmal Vergnügen daran, harte Dinge zu sagen.

MAURICE Wenn Sie glauben, daß mir das immer noch Spaß macht!

BLANCHE Ich weiß, daß Sie so nicht denken.

MAURICE Nein. Mir geht so etwas gegen meinen Willen durch den Kopf, ganz von selbst.

BLANCHE Bis eben haben Sie sich musterhaft verhalten. Alles lief so gut! Was ist da über Sie gekommen?

MAURICE Ich weiß nicht... Eine Anwandlung.

BLANCHE Ach was, Sie hatten nur diesen kleinen

Augenblick der Verwirrung, und ich verzeihe Ihnen. *Sie reicht ihm die Hand.*

MAURICE Sie verzeihen immer! Aber Ihr Verzeihen entschuldigt mich nicht. *Indem er sie an den Händen hält.* Verpatzt durch mich, unsere Trennung verpfuscht! ... Geh, Unseliger! Mir bleibt nur noch, Sie von meiner erbärmlichen Person zu befreien. Vorausgesetzt, ich komme nicht automatisch morgen wieder! Wo waren wir stehengeblieben? Alles ist geregelt? Sie schulden mir nichts, ich schulde Ihnen nichts?

BLANCHE Oh! Möchten Sie eine Quittung?

MAURICE Natürlich! Eine Quittung mit Datum und Unterschrift, die ich galant am Hochzeitstag in den Korb mit den Brautgeschenken werfe.

BLANCHE Nehmen Sie sich in acht!

MAURICE Ja, ich spüre, daß jede Äußerung, die ich jetzt mache, nur noch eine Ungeschicklichkeit mehr sein kann. Mal sieht es so aus, als würde ich mich von einer Reisebekanntschaft verabschieden; ich bin an meiner Station angekommen, ich steige aus und schwenke den Hut, sage Auf Wiedersehen, korrekt und banal; mal hätte ich gern etwas sehr Tiefes, etwas sehr Zartes, etwas Entscheidendes gesagt, das Schlußwort; ich finde es nicht. Ich kann mich doch nicht heimlich davonstehlen. Mein Gott, erleuchte einen armen Mann, und Sie, meine großzügige Freundin, helfen Sie mir.

BLANCHE Sie machen mich traurig und mitleidig! Quälen Sie sich nicht. Suchen Sie nichts. Sagen Sie nichts und gehen Sie.

MAURICE Ich gehe. Wenn ich wenigstens sicher wäre, daß Sie beruhigt sind.

BLANCHE Ich bin ruhig. Gehen Sie, und seien Sie glücklich... Und Ihr Päckchen da auf dem Tisch?

MAURICE *auf dem Weg zu gehen, kehrt wieder um:* Ach ja... Wenn Sie doch Ihren zermürbten Nerven Erholung verschaffen könnten, schlafen.

BLANCHE Ich werde es versuchen. Ich bin müde. Lassen Sie mich, ich möchte allein sein.

MAURICE Legen Sie sich hier auf das Kissen. Soll ich die Lampe herunterdrehen?

BLANCHE Nein. Das wäre schauerlich. Bringen Sie das Feuer in Gang; mich fröstelt. *Maurice stürzt herbei, um das Feuer anzufachen, dann geht er auf Zehenspitzen zu Blanche und küßt ihr die Hand.* Sie sind immer noch da?

MAURICE Psst! Kümmern Sie sich nicht um mich, ich bin fort. Es ist niemand mehr bei Ihnen.

BLANCHE Welche Leere! Wieviel Sie mit sich fortnehmen!

MAURICE *indem er die Tapetentür öffnet:* Ihnen bleibt die schöne Rolle.

Er geht hinaus. – Die Tapetentür schließt sich wieder. Blanche schaut.

VORHANG

Das tägliche Brot

Für TRISTAN BERNARD zur Erinnerung an unser herzliches Einvernehmen

Ein Salon auf dem Lande, Fenster zum Garten, rechts und links eine Tür.

PIERRE, MARTHE

Pierre wandert von einem Fenster zum anderen. Marthe sitzt an einem Teetisch.

MARTHE *hat den erstaunten, belustigten Gesichtsausdruck einer Frau, die nicht glauben will, was man ihr gerade gesagt hat:* Wie! Seit Sie verheiratet sind, haben Sie nie eine Geliebte gehabt?

PIERRE Nie.

MARTHE Sie können es mir wirklich sagen, wir sprechen doch ganz ungehindert. Haben Sie keine Angst, daß man Sie hört! ... *Sie deutet zu einem Seitenflügel des Landhauses.* Ihre Frau sitzt am Bett ihrer kleinen Tochter, die beim Abendessen ziemlich nörgelig war; sie befürchtet eine schlimme Nacht, aber es wird nichts sein.

PIERRE Ich hoffe es.

MARTHE Die Zähne vielleicht?

PIERRE Wahrscheinlich, ich weiß nicht.

MARTHE Die liebe Kleine! Ihre Mama wird sie nicht alleinlassen, um Sie zu Füßen einer anderen Frau zu überraschen. Na los, sagen Sie's mir.

PIERRE Ich sage Ihnen doch: nie.

MARTHE Sie würden es mir nicht sagen.

PIERRE Ich würde es Ihnen sagen, um mich ins rechte Licht zu setzen.

MARTHE Gab es wenigstens Versuchungen?

PIERRE Nein! ... Ach doch, eine.

MARTHE Nämlich?

PIERRE Ich erinnere mich, daß ich eines Tages, bei irgendeiner Durchreise eines exotischen Prinzen, eine junge Dame angerempelt habe, die war nicht schlecht, verdammt gut sogar, und auf meine Entschuldigung hat sie gelächelt. Es war so ein Gedränge, ganz abgesehen von einem Zeitungskiosk, der keinen Platz machen wollte; sie konnte nichts sehen und ich auch nicht. Wir sind ein Stück beiseite gegangen. Als ich ihr ein unbestimmtes Kompliment machte, hat sie mir ihre genaue Adresse gegeben und mich eingeladen, sie zu besuchen. Ich habe es nicht getan. Ich habe an meiner statt eine Handschuhschachtel geschickt, leer.

MARTHE Warum leer?

PIERRE Weil das billiger ist.

MARTHE Es war also nichts Besonderes, Ihre Dame?

PIERRE Das heißt, ich habe Ihnen noch Mondäneres anzubieten. Der Rest lohnt kein Geständnis.

MARTHE Doch, doch, das interessiert mich, ich schwärme für diese Geständnisse.

PIERRE Mir fällt ein, daß ein andermal, nein …

MARTHE Doch, doch!

PIERRE … Ich beobachtete ein kleines Dienstmädchen, das eben ins Haus gekommen war. Mit heimtückischer Sorgfalt wischte sie in meinem Arbeitszimmer Staub. Sie strich um Tischbeine und Stuhllehne. Es war schwül, gewittrig. Sie glänzte wie ein Butterbrot. Sie ging mir auf die Nerven. Plötzlich … Sie lassen mich erröten … habe ich sie heftig geküßt.

MARTHE Wie gräßlich! Auf die Wange?

PIERRE Ich weiß nicht, vermutlich, blindlings. Und ich bin geflüchtet.

MARTHE Oh! So ein Feigling!

PIERRE Feige und gemein, denn beim ersten Vorwand habe ich sie hinauswerfen lassen. Ich weiß nicht, ob sie aus ihrem Abenteuer irgend etwas begriffen hat.

MARTHE Sie hätte Erklärungen bei Ihrer Frau einholen sollen. Und ein andermal?

PIERRE Das ist alles. Ach! Gewiß das ist nicht ergiebig. Haben Sie Mitleid mit einem armen Mann. Es gibt treue Ehemänner. Ich bin einer.

MARTHE Sie glauben an die Treue der Männer?

PIERRE Ich glaube an meine, mir bleibt wohl nichts anderes übrig. Auch an die Treue Ihres Mannes glaube ich noch, und Sie?

MARTHE Mühelos. Und seit wieviel Jahren sind Sie verheiratet?

PIERRE Seit zwölf. Ich habe jung geheiratet, sobald ich das Alter der Vernunft erreicht hatte.

MARTHE *erhebt sich, belustigt:* Zwölf!

PIERRE Und ich zähle nicht die Monate der Verlobungszeit.

MARTHE Lassen Sie sich von mir anschauen.

PIERRE Schauen Sie, schauen wir uns an. Ich werde es nicht als erster satt haben. Es ist mir gleich, wenn ich lächerlich auf Sie wirke. Ich weiß, daß Sie nichts auf das Äußerliche geben.

MARTHE Sie, lächerlich! Sie verdienen ein ehernes Denkmal und einen Extraplatz. Sie sind ein Heiliger.

PIERRE Aber Sie, die so tun als hätten Sie es faustdick hinter den Ohren, möchten Sie mir sagen, ob Sie Liebhaber gehabt haben?

MARTHE Mir diese Frage! Liebhaber, im Plural! Um was zu tun?

PIERRE Um mehrere Male Ihren Mann zu betrügen... Ich übertreibe?

MARTHE Völlig.

PIERRE Sie würden nichts zugeben?

MARTHE Aber ja doch, das würde mich ins rechte Licht setzen.

PIERRE Wie man Sie umschwärmt haben muß!

MARTHE Nicht so sehr wie Sie glauben.

PIERRE Das soll wohl ein Witz sein!

MARTHE Nein, Spaß beiseite. Als junges Mädchen habe ich, wie alle jungen Mädchen, ein oder zwei Herzen in Brand gesetzt; man ist unter meinem Fenster vom Pferd gestürzt...

PIERRE Oh!

MARTHE Man hat es geschickt angestellt, es zählt trotzdem, und es ehrt mich; aber seitdem, nichts. Als ich erst einmal verheiratet war, besaß ich nicht mehr die Neugier, aus dem Fenster zu schauen.

PIERRE Fürchten Sie, Ihr Mann hört zu? ... Die Jagd heute hat ihn fertiggemacht. Er schläft, *Pierre deutet zu dem anderen Seitenflügel des Landhauses* in seinem Bett, ganz in Sicherheit. Sie wagen mir zu sagen, daß noch nicht ein Mann sich getraut hat.

MARTHE Ich bleibe dabei.

PIERRE Das Gedächtnis läßt sie im Stich, man hat Ihnen Briefe geschrieben?

MARTHE Es war wohlbekannt, daß mir mein Mann, nach ihrer Lektüre, verboten hätte zu antworten.

PIERRE Das ist stark.

MARTHE Das ist so.

PIERRE Ich frage mich, womit die Männer, die

Ihre Bekanntschaft gemacht haben, sich in Ihrer Freizeit beschäftigen.

MARTHE Mein Freund, diese Dinge spielen sich in jedem Milieu in ungefähr der gleichen Weise ab. Die Männer sind zwar immer auf der Lauer, kommen aber trotzdem nur näher, wenn man ihnen ein Zeichen gibt.

PIERRE Welches Zeichen?

MARTHE Oh! Das ist verschieden, je nach Milieu, und den Gleichgültigen, wie Ihnen, entgeht es. Aber es gibt immer ein Zeichen.

PIERRE Machen Sie's, nur um es mal zu sehen.

MARTHE Nein, ich will kein Zeichen geben, niemandem. Da haben Sie mein Geheimnis.

PIERRE Was! Sie haben nichts auf dem Gewissen, was ich Ihnen vorwerfen könnte: ein kleines Untätchen, ein unmerkliches Fleckchen?

MARTHE Nicht nur Sie sind makellos, mein Freund. Ich versichere Ihnen, daß ich es Ihnen sagen würde. Unter uns hat das nicht die geringste Bedeutung.

PIERRE Nicht die geringste. Sie sehen ja, daß Sie nichts anderes sind als eine anständige Frau und auch nie etwas anderes sein werden als eine anständige Frau.

MARTHE Sie sagen das mit Verachtung.

PIERRE Ich sage das mit Hochachtung: Sie werden nie etwas anderes sein, als eine anständige Frau.

MARTHE So, so!

PIERRE Ja, ja!

MARTHE Sie überfordern mich. Bis zum heutigen Tage bin ich eine anständige Frau. Aber ich posaune es nicht überall herum, daß ich eine anständige Frau bin. Weiß ich es? In Wahrheit weiß ich nichts. Ich habe nicht die mindeste Lust, Alfred zu betrügen, und doch würde die Gewißheit, ihn nie zu betrügen, mich tieftraurig machen. Das wäre eine ein wenig alberne, ein wenig demütigende Gewißheit. Ich spreche von gestern, ich spreche sogar von heute. Ich behaupte nicht, das wäre heldenhaft, aber: es genügt immerhin.

PIERRE Und für die Zukunft haben Sie Ihre Vorbehalte.

MARTHE Ich habe das Unvorhersehbare im Auge, Stunden der Krise, in denen alles und nichts, was man sich geschworen hatte ein und dasselbe sind. Ich weigere mich, ewige Treue zu geloben. Ich bin eine anständige Frau, die manchmal an Ihrer Standhaftigkeit zweifelt. Mein Leben ist bis heute glatt und leicht über klares Eis geglitten. Aber den Unfall muß man fürchten. Ich fürchte ihn. Ich stelle ihn mir vor, und ich zittere vor Angst. Das ist sehr angenehm.

PIERRE Da haben wir's! Da haben wir's! Aus Ihnen spricht die Frau, die nicht auf den Kopf gefallen ist. Sie werden, wenn es so sein soll, morgen oder übermorgen stürzen. Das Datum eines Unfalls läßt sich nicht festlegen.

MARTHE Ich gebe nur zu, daß er im Bereich des Möglichen liegt.

PIERRE Im Bereich des Wahrscheinlichen.

MARTHE Nein, es stößt mich ab, es mir genauer vorzustellen. Erst macht die perverse Idee mir Spaß, aber dann merke ich bald, daß die Sache nichts Komisches hätte, egal wann und egal mit wem. Damit das Bild des Ehebruchs mich nicht angewidert die Augen niederschlagen läßt, muß es im Umklaren bleiben und in der Ferne.

PIERRE Es kann sie weit fort führen.

MARTHE Ich habe es nicht eilig.

PIERRE Ich auch nicht, und auch Ihr Mann nicht, noch meine Frau. So sind in dieser einfachen Hütte, in der wir Ihnen für ein paar Herbstwochen unsere herzliche Gastfreundschaft anbieten, vier verheiratete Leute versammelt, und durch einen außergewöhnlichen Zufall sind diese vier Leute, alle vier, von einer vor dem Wetterstrahl der Liebe gefeiten Treue. Sie lieben

Ihren Mann wirklich, Ihr Mann liebt Sie wirklich, meine Frau liebt mich wirklich, und ich liebe meine Frau wirklich. Bei zwei Ehen unter einem Dach haben wir hier zwei Musterbeispiele von Ehe. Zwei auf zwei! Wir bringen es auf das Maximum, wenn ich nicht irre.

MARTHE Ich bin nicht darauf aus.

PIERRE Sie hätten Unrecht. Ihr Mann ist jung, ein schöner Junge.

MARTHE Vornehm.

PIERRE Ein schöner Junge, ein schönerer Junge als ich. Er ist nicht so stark, aber er hat eine gute Gesundheit.

MARTHE Eine ausgezeichnete, ein wenig zu Migräne neigend.

PIERRE Das ist nicht schlimm. Das kommt daher, daß er im wahrsten Sinne des Wortes die schönste Frau von Paris besitzt.

MARTHE Eine der schönsten Frauen.

PIERRE Oh! zu meiner Zeit! ... Und da er Sie sehr liebt ...

MARTHE Sehr.

PIERRE Ich schließe daraus, daß Sie sich nicht langweilen.

MARTHE Selten. Aber sprechen Sie sich aus. Sie sind auch nicht schlecht.

PIERRE Besser als Sie denken.

MARTHE Was Ihre Frau betrifft.

PIERRE Sie haben eine diskrete Art, auf meinen persönlichen Verdiensten zu bestehen!

MARTHE Das heißt, daß ich es eilig habe, das Lob Ihrer Frau zu singen, die noch mehr wert ist als Sie, wie hoch Ihr Preis auch sein mag. Sie ist eine Perle.

PIERRE *ernst:* Unschätzbar.

MARTHE Sie hat eine ganz eigene Art von Schönheit.

PIERRE Ganz meine.

MARTHE Ich sehe an ihr nur Qualitäten: Sie besitzt alle.

PIERRE Sie besitzt sogar Tugenden. Sie ist die einzige Frau auf unserer Welt, die Tugenden besitzt.

MARTHE Die einzige?

PIERRE Beschweren Sie sich nicht. Eine Tugend, eine wahre Tugend, ist für Sie zu seriös.

MARTHE Ach! Und nennen Sie mir eine Tugend, die ich nicht für mich in Anspruch nehmen könnte.

PIERRE Ich nenne aufs Geratewohl die erste beste, die Güte.

MARTHE Ich bin nicht gütig?

PIERRE Doch, von jener Art von Güte, die den Teint nicht angreift.

MARTHE Wie? Ich bin nicht gütig mit meinem Mann, mit meinen Kindern, meinen Freunden?

PIERRE Und mit Ihren Armen. In der Tat, Ihr Mann mißhandelt Sie. Ihre Kinder sind Ungeheuer, um die die Photographen sich streiten, Ihre Freunde erschlagen sie mit Komplimenten, und die Armen sagen Ihnen noch nicht einmal Danke; Sie jedoch nehmen es weder den einen noch den anderen übel. Und da Ihre ganze Güte dabei draufgeht, bleibt Ihnen nie etwas davon übrig.

MARTHE Ihre Frau ist großzügiger?

PIERRE Oh! Versuchen Sie nicht zu kämpfen. Ganz gleich bei welcher Gelegenheit sich aufzuopfern, würde Berthe Sie schlagen.

MARTHE Beispiel?

PIERRE Beispiel. Wenn Ihr Mann Sie betröge, was täten Sie?

MARTHE *ohne zu zögern:* Ich habe zwei Möglichkeiten zur Wahl: Erstens, wenn mein Mann mich betrügt, betrüge ich ihn sofort, sofort mit dem nächsten seiner Freunde. Und das wird so schnell geschehen sein, daß mein Mann und ich selbst nicht mehr wissen werden, wer von beiden angefangen hat.

PIERRE Obwohl allgemein verbreitet, finde ich diese Methode nicht schlecht. Wir wohnen in derselben Straße in Paris: Ich habe Chancen. Sehen wir uns die andere an.

MARTHE Noch am Abend des Tages, an dem ich etwas gemerkt hätte, und jeden Abend, bis die Lektion Erfolg hat, werde ich so zärtlich und so fordernd sein, daß mein Mann bei seiner Geliebten nicht mehr anders erscheint, als ein Liebhaber außer Betrieb.

PIERRE Das ist ziemlich originell, aber mühsam in der Durchführung.

MARTHE Es ist ein Härtetest. Es kann sein, daß ich es nicht schaffe, aber wenn ich es schaffe, welche Schmach für Alfred, wenn ich ihn ruiniert habe!

PIERRE Wie gütig Sie sind!

MARTHE Ich bin gerecht.

PIERRE Die Güte macht sich ein wenig lustig über die Gerechtigkeit.

MARTHE Was würde denn Ihre Frau an meiner Stelle tun?

PIERRE Ich frage sie oft: »Was würdest du tun? sage ich zu ihr. – Sprechen wir nicht davon, sagt sie. – Sprechen wir davon; es kommt alles vor. – Ich kann nicht glauben, daß mir dieses Unglück zustoßen könnte. – Ich auch nicht, aber nehmen wir es nur mal an. – Sei still, sagt sie, du quälst mich. – Meine liebe Kleine, sage ich zu ihr, es ist unmöglich, daß du nicht deine Vorstellungen vom Ehebruch hast, eine Theorie wie alle Frauen. Du denkst manchmal daran. – Nie, sagt sie. – Denk doch einmal einen Augenblick daran, überlege eine Minute und antworte: Es ist nur zum Spaß. Wenn ich dich betröge, was würdest du tun? – Ich wäre sehr traurig. – Das hoffe ich doch. Übrigens, ich wäre es vielleicht noch viel mehr. Aber dann? Würdest du dich rächen? Würdest du mir vergeben? Was würdest du tun? – Nichts, nichts.« Und wenn ich weiter in sie dringe, fängt sie schon vorher an zu weinen.

MARTHE Das ist es, was Sie Güte nennen?

PIERRE Das ist es, was alle Frauen, die dazu nicht in der Lage sind, Dummheit nennen.

MARTHE Aber, mein Freund, wenn man eine Frau hat wie die Ihre, bleibt man hübsch zu Hause. *Sie will gehen.*

PIERRE Das tue ich seit zwölf Jahren. Guten Abend!

MARTHE *schlicht:* Oh! Verzeihung! Guten Abend!

PIERRE Natürlich, guten Abend! Da Sie die glücklichste aller Frauen sind, und ich der glücklichste aller Männer, da die Einheit unserer beider Ehen unzerstörbar ist, was machen wir da, alle beide, nach zehn Uhr, während meine Frau ihr Kind hütet und Ihr Mann schläft? Das bekommt dem

Glück nicht, so spät zu Bett zu gehen. Gehen Sie zu ihm! Ich gehe zu ihr.

MARTHE Gehen wir.

PIERRE Sie ist doch unerklärlich, unsere Schwäche für dieses Thema. Sobald wir allein sind, in diesem Salon, im Garten, oder auf dem Spaziergang, fangen Ihre Augen plötzlich an zu leuchten, und ich merke, daß ich beginne zu strahlen: »Was denken Sie über die Liebe?«

MARTHE »Haben Sie einen Liebhaber?«

PIERRE »Werden Sie bald eine Geliebte haben? Wo werden Sie sie unterbringen?« Das ist unser kleines Lieblingsspiel.

MARTHE Es ist unschuldig, da es jedesmal mit dem zweistimmigen Lob Ihrer Frau und meines Mannes endet.

PIERRE Aber warum reden wir in ihrer Gegenwart über andere Dinge?

MARTHE Darüber läßt sich nur zu zweit gut reden.

PIERRE Aber, Madame, darüber müssen Sie doch mit Ihrem Mann reden. Und ich wette, daß Sie es nicht tun. Sie würden wohl bald ans Gähnen kommen. Warum?

MARTHE Weil Alfred mich lieben kann, ohne mit mir von Liebe zu reden. Er ist ein leidenschaftlicher Mensch, der den Mund nicht aufkriegt. Er verabscheut diese Art von Unterhaltungen. Er findet sie idiotisch. Er behauptet, daß man nur Blödsinn redet.

PIERRE Schwachköpfe, aber Sie und ich?

MARTHE Wir sind eben die beiden geistreichsten Menschen, die wir kennen.

PIERRE Und wir finden Vergnügen an unserem Geschwätz, nicht wahr?

MARTHE Ja, ich gebe es zu. *Sie haben sich gesetzt.*

PIERRE Ein Vergnügen, das Sie nicht Ihrem Mann verdanken, den Sie lieben, sondern mir, den Sie nicht lieben, den Sie nicht lieben, was mir ganz gleich ist, da ich Sie nicht liebe.

MARTHE Gott sei Dank! Ich würde es sofort Ihrer Frau sagen.

PIERRE Berthe würde Ihnen nicht glauben. Sie ist ganz sorglos. Wir sind alle ganz sorglos. Aber ohne daß wir uns lieben, liebe Madame, macht nur von Liebe zu sprechen uns Vergnügen; was ist das für ein Vergnügen, das zu nichts führt?

MARTHE Das Vergnügen, das immer in Mode ist, das Vergnügen zu flirten.

PIERRE Oh! Flirten, dieses Wort geht mir auf die Nerven. Flirt! Flirt! Das ist unausstehlich wie ein Auto auf Hochtouren. Lassen Sie doch den Engländern ihre kleinen Wörterchen. Daß sie wenigstens das haben in England.

MARTHE Ich klebe nicht an den Worten. Sagen wir, es ist ein platonisches Vergnügen.

PIERRE Oh! Platonisch! Das ist noch häßlicher. Das schmeckt nach Amtsstube und Apotheke. Ich bitte Sie, drücken Sie sich gewählter aus, wenn es sich darum handelt...

MARTHE Worum? Mir scheint, Sie sind nicht mehr ganz deutlich.

PIERRE Aber doch, um unser Glück! Ja, Ja, ja dieses Vergnügen da zu sein, allein zu zweien, geheimnisvoll nichtssagende Sachen zu sagen, mit Pathos das Loblied unserer Ehen zu zelebrieren, und wie professionelle Psychologen, doch im Verborgenen, alle Fragen der Liebe zu besprechen, das ist der Beweis, daß Sie hochstapeln, und daß ich hochstaple, und daß ihr hochgeschätztes Glück überschätzt ist.

MARTHE Sie täuschen sich; was mich betrifft, ich bin vollkommen glücklich.

PIERRE Das ist nicht wahr!

MARTHE Hüten Sie sich mein Freund.

PIERRE Oh! Ich hüte mich. Ich hüte mich vor jeglichem gemeinen Scherz über Ihren Mann. Er ist ein Mensch, von dem ich sehr viel halte, der mir sehr viel bedeutet.

MARTHE Sie machen ihn besser, als er ist.

PIERRE Ich verhelfe ihm zu seinem Recht.

MARTHE Das beruht auf Gegenseitigkeit.

PIERRE Allerdings. Aber es gibt Dinge, die er Ihnen nicht so zu sagen versteht, wie ich sie Ihnen sagen würde. Und das fehlt Ihnen, doch, doch. Sind Sie eine Frau, oder nicht?

MARTHE Nein. – Welche Dinge?

PIERRE Er versteht es nicht wie ich, Ihnen zu sagen, daß Sie eine Frau von erlesenem Geschmack sind, und daß Sie sich kleiden ... wie eine Blume!

MARTHE Berthe zieht sich auch sehr gut an.

PIERRE Sie trägt nur Klassisches. – Ihr Mann erinnert sich nicht wie ich an einen gewissen Hut vom letzten Jahr, ganz beladen mit roten Kirschen. Man muß Sie sein, um mit der Tollkühnheit eines alten Revolutionärs einen so verrückten Hut zu tragen. Er erregte Aufsehen auf dem Boulevard. Er verwirrte einem den Blick. Man sah nur noch Ihre Kirschen. Er hat die Jungen bestimmt gereizt, hochzuklettern und Ihnen nicht eine zu lassen. Und er stand Ihnen! Er stand Ihnen!

MARTHE Er stand mir gut, nicht wahr?

PIERRE Er stand Ihnen wie schönes Wetter der Natur.

MARTHE Das ist nett, wirklich.

PIERRE Sehen Sie, weiß Gott! Das glaube ich.

Würde Ihr Mann Ihnen solche netten Sachen sagen?

MARTHE Er hat sie mir gesagt.

PIERRE Er sagt Ihnen keine mehr.

MARTHE Ein paar.

PIERRE Nicht oft.

MARTHE Manchmal.

PIERRE Er wird sie Ihnen immer seltener sagen, das versichere ich Ihnen. Und ich finde das verzeihlich. Auf die Dauer ist es ermüdend. Er hat es sich abgewöhnt. Ich wette, er sagt Ihnen nicht, daß Sie intelligent sind?

MARTHE Oh! Auch das noch!

PIERRE Ich will nicht sagen, daß Sie in ihrem Kopf nur Gedanken von Pascal wälzen. Aber Sie haben die Intelligenz der Gesten, des Blicks, des Lächelns, der Erwiderung! Bei jedem Gedanken, der Ihnen durch den Kopf schießt, sprühen Sie Funken.

MARTHE Ich mache meine Bemerkung wie jeder andere, bei Gelegenheit. Es ist weniger eine geistvolle Bemerkung als eine, die von Herzen kommt.

PIERRE Dieses bescheidene Wesen! Aber Sie sind eine außergewöhnliche und strahlende Pariserin, die alles weiß, die alles liest, die alles sagen kann und alles beurteilen. Es ist unglaublich: Sie hätten das Recht frivol zu sein, flatterhaft, ätherisch, und Sie haben gesunden Menschenverstand, großartigen gesunden Menschenverstand.

MARTHE Ich habe meine kleinen Ansichten, und ich halte mich daran.

PIERRE Das ist enorm. Wenn Sie noch intelligenter wären, wäre es nicht zum Aushalten. Sie würden den Herren nichts mehr lassen, und die würden Sie verabscheuen. Das ist es, was Ihr Mann Ihnen nicht mehr sagt. Selbst, daß Sie hübsch sind, sagt er Ihnen nicht mehr. *Marthe, schon in Träumen, antwortet nicht.* Das dachte ich mir. Und doch weiß er es; übrigens weiß es alle Welt: Sie sind ausgesprochen hübsch.

MARTHE Aber er ist ja immer netter. Was hat er nur, heute Abend?

PIERRE Ich quäle Sie nicht mit Beleidigungen, oder?! Versuchen Sie doch, sich zu ärgern.

MARTHE Ich kann nicht.

PIERRE Werden Sie doch wütend, weil ich Ihnen sage, daß es, wenn Sie die Champs-Élysées hinauffahren, zu beiden Seiten der Avenue eine Welle von Neugier gibt, ein eifriges Stühlerükken. Alles sinkt in Ihr Kielwasser, Ihr Kutscher richtet sich noch würdevoller auf, und zwischen den Wagen, die scheinbar stillstehen, rollt Ihrer hindurch wie ein Streitwagen zum Triumphbogen.

MARTHE *lacht:* Das ist komisch.

PIERRE Oh! Dieses musikalische Lachen! Diese Lerche, die aus ihrem Mund flattert! Und am Abend, im Theater, wenn jemand murmelt, »die schöne Frau!« brauche ich nicht mit den Augen zu suchen. Ich weiß, daß Sie im Saal sind. Sofort spüre ich, daß es ein schöner Abend wird. Ich achte weniger auf das Stück, und es kommt mir besser vor, und der Kronleuchter strahlt doppelt so hell!

MARTHE Und Sie sagen, das sei ermüdend?

PIERRE Ich bin noch kaum in Schwung. Sie haben keine Ahnung, wie oft ich Ihnen wiederholen könnte, daß Sie nicht nur eine schöne Frau sind, sondern die schöne Frau, das Ideal!

MARTHE Oh! Oh! Wo soll ich mich hinstellen?

PIERRE Mehr in meine Nähe ... *Marthe weicht zurück.* Und ich würde Ihnen noch ganz andere Sachen sagen. Ich würde Ihnen all Ihre Reize sagen, und es mir nicht nehmen lassen, Ihnen welche zu erdichten, wenn Sie nicht eine anständige Frau wären, und ich nicht ein treuer Mann. Wir jedoch, meine liebe Freundin, müssen alle beide auf Liebeserklärungen verzichten, ich darauf, sie zu machen, und Sie darauf, sie anzuhören.

MARTHE Das ist schade.

PIERRE Das ist absurd. Ich habe Ihnen gerade gesagt, daß ich niemand bin, der sich über Ihren Mann lustig macht. Ich bin nicht erbärmlich genug, meine Frau zu verspotten, die ich von ganzem Herzen liebe, die ich bewundere.

MARTHE Ich würde es Ihnen nicht gestatten.

PIERRE Aber nach zwölf Ehejahren kann ich, der das so liebt, ich, der dazu geboren ist, nicht zu ihren Füßen liegen und Sie mit Liebesgeflüster umgarnen. Das wäre Verschwendung.

MARTHE Berthe hätte womöglich gar nichts dagegen.

PIERRE Eben. Sie wäre sehr empfindlich. Sie würde rot werden, sich wundern. Aber sie ist eine so gute Hausfrau, daß sie in ihrer Überraschung nur irgend etwas antworten würde, wie »Du wirst meinen Kaffee verschütten!...« Und von da an wird es immer so sein, immer, wenn ich mich vergesse, werde ich Angst haben, irgendeinen Haushaltsgegenstand zu zerbrechen.

MARTHE Ich verstehe. Ich verstehe.

PIERRE Nicht wahr?

MARTHE Ja, am Ende werden Sie Berthe wie eine Schwester lieben.

PIERRE Beinahe. Zwischen ihr und mir herrscht,

wenn auch noch nicht Freundschaft, so doch gedämpfte Liebe, welk, farblos und ihrer Blüten beraubt. Wissen Sie, ich denke an diese künstlichen kleinen Bäume, verdorrt und ohne Rinde, die man in den Käfigen der zoologischen Gärten sieht. Die Vögel geben sich damit zufrieden, aber nicht die Blüten! *Verwunderung bei Marthe.* Das hat nicht das geringste damit zu tun, aber spüren Sie, was ich sagen will?

MARTHE Oh! Sehr gut, sehr gut! Als ob Sie mir meine Träume erklären würden, meine Träumereien vielmehr. Pah! Für ein paar Blüten!

PIERRE Wie! Für ein paar Blüten! Im Falle des Glücks ist nichts beliebig. Sowie man nicht alles besitzt, hat man das Recht, sich zu beschweren.

MARTHE Unsere Rolle ist schon sehr beneidenswert.

PIERRE Oh! Zugegebenerweise. Ich laufe nicht Sturm, ich leide keine Qualen, und Sie ebensowenig. Unsere Ehen sind keine Höllen. Ach! Wenn wir den geringsten Vorwand hätten, den leisesten Grund zur Klage, wir sind nicht ungeschickter als andere. Wir würden einen banalen Ehebruch absolvieren, wie alle Welt. Wie schwer einen Mann oder eine Frau zu betrügen, die es verdienen!

MARTHE Und dann regen sie sich darüber auf!

PIERRE Ach! Hätten sie's doch verdient! ... Ich verspreche Ihnen, es würde nicht lange dauern. Das Recht, ja die Pflicht eines Mannes, der eine Frau nicht mehr liebt, ist, loszulaufen und eine andere zu lieben, auf der Stelle, damit in dieser traurigen Welt, in der es so rar ist, nicht ein Stückchen Glück verloren geht.

MARTHE Und die beiden möchten uns nicht in die Verlegenheit bringen, dieser Pflicht zu genügen. Nichts zu machen! Die Schändlichen.

PIERRE Ich gebe Ihnen mein Wort, manchmal habe ich schlimme Momente. Ich wüte allein vor mich hin. Um mich zu beruhigen, schlage ich ein Buch mit Versen auf. Ich schreie Verse heraus, bis dahin pumpe ich mich voll Lyrik, bis zu den Augen.

MARTHE Und das beruhigt Sie?

PIERRE Immer. Nicht ein schlechter Gedanke hält einem schönen Vers stand.

MARTHE Sie sind nicht schwer zu pflegen.

PIERRE Nein. Das ist absolut sicher, aber ach! Vergänglich, nicht lange, und mir wird die Kehle heiser, der Band fällt mir aus den Händen, mein Blick wird klar, und bald sehe ich mein Glück wieder vor mir, endlos und eben, wie das Ihre, zum Heulen.

MARTHE Umso schlimmer; Wir sind mit einem

Glück gesegnet, mit dem man sich abfinden muß.

PIERRE Das ist kein Glück, das ist Seligkeit. Erträglich wäre es noch, wenn man heute darüber sagen könnte: »Oh! Das wird nicht anhalten!« Aber ich bin noch kaum fünfunddreißig Jahre alt, Madame. Ich fange gerade erst an. Und Sie, wie alt sind Sie?

MARTHE Ich bin auch noch nicht am Ende.

PIERRE Und schön sind Sie, um hundert Jahre alt zu werden.

MARTHE Eine meiner Großmütter, die eine Schönheit war, ist siebenundachtzig Jahre alt geworden.

PIERRE Es ist trostlos! Ach! Wir werden die Glücksbecher leeren, auf der Silbernen Hochzeit, auf der Goldenen Hochzeit.

MARTHE Auf der Diamantenen Hochzeit.

PIERRE Nichts als Orgien, ein Leben lang, bis zum Tod!

MARTHE Es ist vernichtend.

PIERRE Es ist zuviel, es ist zuviel; ich komme noch dahin, ketzerische Sachen zu sagen. Hören Sie, ich bin sicher, die Witwer, die so bemitleidenswert zu sein scheinen ...

MARTHE Sind es nicht?

PIERRE Ja, zuerst jammern sie, sie verzweifeln,

und doch bin ich sicher, wie die Winde im tiefen Schatten einer Tanne, sprießt bald jener zarte, wildwuchernde Gedanke in ihrem Schmerz: nun ist es unvermeidlich, es bleibt mir nicht erspart, über kurz oder lang werde ich mir eine andere Frau suchen müssen!

MARTHE Rührender kleiner Gedanke, als Medaillon zu tragen, auf dem Herzen.

PIERRE Am Ende tröstet er.

MARTHE Nun, wir sind keine Witwer. Was kann uns kurieren?

PIERRE Ein Urlaub, von Zeit zu Zeit ein Urlaub. Man hat noch nicht einmal seine Sonntage. Ich kann nicht mehr. Ich habe zuviel versprochen, im übertriebenen Glauben an meine Sittsamkeit. Ich mache mich los, ich verschaffe mir Luft, ich brauche ein wenig Bewegung. Kommen Sie mit, eine Runde ... einen Spaziergang machen, an meinem Arm, unter den Bäumen.

MARTHE Im Schein dieses Mondes?

PIERRE Er erwartet uns: Kommen Sie, ich bin es leid nur zu lieben. Ich muß anbeten. Sagen Sie, möchten Sie, daß ich Sie anbete?

MARTHE Ich möchte schon.

PIERRE Weisen Sie meine beste Seite nicht zurück, meine Art, einer Frau den Hof zu machen, sie mit flüchtigen Zärtlichkeiten zu überhäufen, winzige Aufmerksamkeiten, kleine Geschenke, Komplimente, notwendige Kleinigkeiten, und eine Sprache mit ihr zu sprechen, die ihr unbekannt ist. Ich schwöre Ihnen, ich bin ein wirklicher Dichter und habe die Gabe zu bezaubern. Sie nützte mir nichts mehr. Verloren war sie nicht. Ich habe sie gehütet, ohne zu wissen für wen. Es war für Sie, es war für Sie! Ich bringe Ihnen all meine Ersparnisse der Anbetung.

MARTHE Schweigen Sie! Oh! Schweigen Sie, ich möchte Ihre Zaubergaben nicht.

PIERRE: Und ich, ich möchte Sie verzaubern...

MARTHE So seien Sie doch still; Sie bringen uns noch dazu, Verrücktheiten zu machen.

PIERRE Ja, ja seien wir endlich ein bißchen verrückt. Ich verlange keine schwierigen Dinge von Ihnen. Machen wir endlich eine Dummheit. Sie antworten nicht ... was seufzen Sie?

MARTHE Ach! Eine Dummheit.

PIERRE Eine schöne Dummheit. *Marthe erhebt sich.* Marthe!

MARTHE *traurig:* Wir sind nicht dumm genug. *Dann beinahe fröhlich.* Nein, nein, Ihre Idee ist nicht praktisch. Oh! Sie ist verführerisch, praktisch ist sie nicht.

PIERRE Oh! meine Freundin, Sie spielen noch die Vernünftige.

MARTHE Es wird Zeit.

PIERRE Ihre Vernunftsgründe kenne ich auswendig.

MARTHE Ich bin nicht nur für Sie vernünftig, ich bin es auch für mich, um mich zu überlisten, und das kostet mich etwas.

PIERRE Ein liebes Wort tut immer gut. Ich danke Ihnen.

MARTHE Wissen Sie, im Grunde bin ich Ihrer Meinung. Das wäre aufregend, dieser kleine Urlaub, diese Erholung von der Ehe, diese Rast von den täglichen Leidenschaften am heimischen Herd. Man würde über die Tür schreiben: »Ferien vom Ich« und eine Runde drehen, wie Sie sagen ... die würde dauern?

PIERRE Wie lang sie dauern würde: das kann ich Ihnen nicht auf die Viertelstunde genau sagen.

MARTHE Das nennt man, sich ganz auf etwas einlassen und ist es wohl wert, daß ich mein Leben zerstöre.

PIERRE Acht Tage lang angebetet zu werden, – der liebe Gott selbst kann damit bei niemandem rechnen.

MARTHE Und was würden Sie als Entschädigung verlangen, lieber Anbeter?

PIERRE Nichts.

MARTHE So wenig?

PIERRE Eine Frau, die so angebetet wird, gewährt alles, ohne daß man es verlangt.

MARTHE Da sind wir bei den Realitäten!

PIERRE Da sind wir, weil Sie darauf anspielen. Ihr Frauen denkt doch immer an das eine!

MARTHE Und ihr denkt nie daran, ihr Männer!

PIERRE Nicht sofort. Ohne daß ich damit sagen will, daß ich es nicht sehr gut verstünde, eine Frau im gegebenen Moment zu küssen.

MARTHE Ja, nicht wahr, immerhin?

PIERRE Oh! Sie sahen so aus, als würden Sie mich verstehen; Sie verstehen mich nicht mehr. Aber nein, aber nein, es handelt sich nicht um Skandale, zerstörte Leben, unsaubere Geschichten. Ich habe mir nur etwas Seltenes vorgestellt, etwas Kurzes, sehr Zartes und Harmloses, ein Strohfeuer, in dem wir nur Gefühle verbrannt hätten, und das unseren Herzen ebensowenig geschadet hätte, wie dieser Mondstrahl, der durch diese Scheibe dringt.

MARTHE Aber Troubadour, Sie zauberhafter Troubadour, seien Sie doch einmal in Ihrem Leben einfach. Ein Urlaub, der findet irgendwo statt. Ich bin bereit. Fahren wir.

PIERRE Liebe Marthe!

MARTHE Ja, fahren wir. Ich hänge nicht mehr an meinen schütteren Vernunftsgründen und zweifle nicht mehr an Ihrer Aufrichtigkeit. Es ist nicht möglich, daß ein Mann wie Sie sich einen Spaß daraus macht, einer Frau mit Worten den Verstand zu rauben, ohne zu wissen, wozu er sie treibt. Sie wissen es. Ich glaube Ihnen, ich glaube Ihnen, und jetzt sage ich Ihnen: Fahren wir, mein Freund, fahren wir schnell. Ach!

PIERRE Wann Sie wollen, Marthe.

MARTHE Sofort, oh, sofort! Lassen Sie mich nicht erst wieder zur Besinnung kommen. Fahren wir, so wie Sie hier sind, so wie ich hier bin, ohne Koffer, ohne große Aufmachung. Fliehen wir schnell, schnell. Wohin?

PIERRE Wohin Sie wollen.

MARTHE Sie wissen nicht wohin?

PIERRE Aber ja, aber ja, egal wohin, ans Meer, in die Berge, Sie sind die Frau, die keine Landschaft entstellt, ans Ende der Welt.

MARTHE Nach Marseille.

PIERRE Ins Paradies!

MARTHE Das Paradies steht nicht im Kursbuch. Ich versichere Ihnen, wir kommen nicht bis Nizza, und unsere Reise ans Ende der Welt wird in Marseille enden, dreizehn Stunden von Paris entfernt. Oh! Ich traue Ihnen ohne Schwierigkeiten zu, daß Ihr lyrischer Elan diese Strecke übersteht. Aber dort, nach einer Nacht im Hotel, denn wir würden Seite an Seite geschlafen haben, unvermeidlicherweise, wir wären wohl nicht darum gekommen, dort, in diesen Straßen, die nach Öl, Seife und Prosa stinken, unter dieser kommerziellen Sonne, würde alles zergehen, alles vertrocknen, mein heller Teint und Ihr Ausbruch von Romanphantasien.

PIERRE So weit können Reisen Sie verunstalten?

MARTHE So sieht der Streich aus, den uns die zweitgrößte Stadt Frankreichs spielen wird.

PIERRE Die drittgrößte.

MARTHE Gut, die drittgrößte, meinetwegen! Weniger peinlich immerhin, wenn wir so vorsichtig waren, eine Rückfahrkarte zu nehmen und mit dem Schnellzug günstig wieder nach Haus kommen.

PIERRE Und wehe, wenn wir ihn aus irgendeinem Grund verpaßt hätten! Das ist alles ein leichter Sieg.

MARTHE Und das Nachhausekommen? Ach! Das Nachhausekommen. *Sie zeigt auf die beiden Zimmertüren der beiden Ehepaare.* Erkennen Sie von hier aus ihre Gesichter?

PIERRE Es ist eine gehörige Entfernung.

MARTHE Sie würden vielleicht einfach glauben, daß sie träumen, oder vielleicht würden sie auch ihren Urlaub nehmen.

PIERRE Sie wären frei.

MARTHE Hoffen Sie nicht darauf, daß die beiden davon Gebrauch machen würden. Man müßte vor Ihnen stehen, wie vor Richtern. Ich habe kalte Füße.

PIERRE Sie haben Angst? Ihr Mann wird Sie vielleicht umbringen!

MARTHE Würde er mich umbringen? Würde er sich umbringen? Oder würde ihm das Abenteuer höchst komisch vorkommen? Ich habe keine Ahnung, aber ich sehe deutlich vor mir, wie Ihre Frau Sie empfängt. Arme Berthe! Ich sehe, wie sie auf die Probe gestellt ist, mit ihrer engelsgleichen Güte, ihrer zu allem fähigen Güte, die Sie ein wenig ausnutzen, mein Freund, die ich selbst ausnutze, denn mir fällt auf, daß ich, seit wir zusammen auf dem Land sind, nur die Freuden genießen und ihr die Arbeit lassen. Oh! Mit ihr sind Sie nicht in Lebensgefahr. Nicht die kleinste Szene. Weder Vorwurf noch Verachtung. Ihre Schande wird auf dem Gesicht Ihrer Frau nicht zu sehen sein. Sie würde nichts sagen. Sie würde es vermeiden, Sie anzusehen. Sie würde Sie zu Tisch bitten. Sie würde Ihnen selbst das Essen auftragen. Sie würde Sie allein wieder zu Kräften kommen lassen; und diese Frau aus dem Evangelium würde in die Küche gehen, um zu weinen.

PIERRE Sie machen mir Spaß! Finster sind Sie!

MARTHE Und erst einmal wieder frisch und sauber, ganz unverbraucht, wer wäre da auf ihn und mich böse und wütend?

PIERRE Auf Sie!

MARTHE Wer würde mich weder elegant finden, noch geistvoll, noch hübsch und nicht mehr den Hut ziehen vor mir?

PIERRE Das bin ich.

MARTHE *sehr matt:* Sie sehen, wie recht ich habe.

PIERRE Ich gebe es auf.

MARTHE Es gab keine Möglichkeit, ach, keine Möglichkeit.

PIERRE Es ist gemein! ... Selbst wenn ich, anstatt ruhig und höflich zu sein, ein Draufgänger wäre.

MARTHE Was meinen Sie? Ach Sie sagen sich: »Ich hätte einfach ...« Ja, genau! Vielleicht mit Gewalt!

PIERRE Gewiß doch!

MARTHE O nein, bereuen Sie das nicht, lassen Sie das stehende Heer in Frieden.

PIERRE Sie wissen ja, so etwas sagt man immer, um den Mann herauszukehren. In Wirklichkeit ...

MARTHE Wären Sie genauso verlegen wie ich? Ich kenne Sie, Ihre Phantasie hat die Spannweite eines Adlers und den Appetit eines Spatzen. Es genügt Ihnen, ein Möbel zu verrücken, um zu glauben, daß Sie umziehen, und das Fenster zu öffnen, um zu meinen, Sie wären frei. Die Freiheit draußen wirbelt zuviel Staub auf.

PIERRE Muß man sich das sagen lassen? Sie werden ganz schön boshaft.

MARTHE Und es genügt Ihnen, die Hand einer Frau zu küssen, um zu glauben, daß Sie Ihre betrügen. *Sie reicht ihm die Hand.* Hier, mein Freund, da ist sie!

PIERRE Das ist eine kleine, ganz kleine, ganz reizende Entschädigung.

MARTHE Wenn man bedenkt, daß Sie sich immer noch abkanzeln lassen.

PIERRE Ein großer Junge wie ich; es wird nicht mehr vorkommen.

MARTHE Sie müßten mir dankbar sein!

PIERRE Seien Sie meiner tiefsten Verbundenheit versichert.

MARTHE Wenigstens sollen Sie nicht glauben, ich wäre Ihnen böse.

PIERRE Ach! Ich wußte doch, daß Sie gütig sind!

MARTHE Sie haben mir Worte gesagt, die eine Frau nicht tödlich verletzen.

PIERRE Ich nehme nichts zurück.

MARTHE Sie haben mich verdorben.

PIERRE Ich habe improvisiert, so gut ich konnte.

MARTHE Sie haben mich behandelt wie eine Göttin. Sie haben mich erschüttert.

PIERRE Nicht zu sehr.

MARTHE Sie haben mich beinahe um den Verstand gebracht, und wenn meine Freundschaft...

PIERRE Ach! Sie bringen die Gattungen durcheinander.

MARTHE Meine Freundschaft möchten Sie nicht?

PIERRE Nein, nicht heute abend.

MARTHE Eine herzliche Freundschaft!

PIERRE Oh! Herzlich: eine Freundschaft zum Neuen Jahr! Nein, ohne Feierlichkeiten. Morgen; verschieben wir die sympathischen Angelegenheiten auf morgen!

MARTHE Adieu. Kehren wir in unsere goldenen Käfige zurück. Sie dort, neben Berthe, ich hier...

PIERRE Neben Alfred?

MARTHE Neben Alfred.

PIERRE Ich bin nicht eifersüchtig... Trotzdem, sagen Sie, dieser gräßliche Alfred, der schläft wie ein Egoist, der schnarcht...

MARTHE Oh, kaum, er schnurrt.

PIERRE Erweisen Sie mir die zartfühlende Gunst, ihn heute abend in Ruhe zu lassen. Wecken Sie ihn nicht.

MARTHE Abgemacht.

PIERRE Danke.

MARTHE Und dafür?...

PIERRE Oh! Ich schwöre es...

MARTHE Ihre Frau schläft bestimmt nicht. Ich bin sicher, sie wacht noch immer neben der Lampe bei ihrem zur Ruhe gebrachten Kind. Sie wartet auf Sie, gehen Sie zu ihr, ganz leise, und von ganzem Herzen, umarmen Sie sie fest.

VORHANG

ZWEI FRAUEN IM LEBEN DES JULES RENARD

A Eleonora,
mia madre

»Keine Frau ist wie die andere«
Danièle Davyle

Der sogenannte »Glücksfall« im Leben eines Mannes besteht darin, die richtige Frau im richtigen Augenblick zu treffen.

Die Schauspielerin der Comédie Française, Danièle Davyle, hat eine entscheidende Rolle in der Biographie von Jules Renard gespielt. Sie ist lautlos aus seinem Leben verschwunden, als sie fest beschloß, sich von dem Schriftsteller zu trennen. Die Spuren dieser Liebesgeschichte hat Jules Renard gesammelt und konsequent zu einem Werk verarbeitet, dem fast ausschließlich Erfahrungen seines eigenen Lebens zugrunde liegen.

Jules Renard war 20 Jahre alt, als die ältere Schauspielerin ihm 1884 ihre Zuneigung schenkte. Für den jungen Mann, der auf die Aufnahmeprüfung für die *École Normale* verzichtet hatte, der aber um jeden Preis versuchte, in Paris zu bleiben und als Schriftsteller tätig zu sein, war diese Begegnung lebensentscheidend – und um so wichtiger, wenn man bedenkt, in welch grausigem Familien-Drama er in der Provinz aufgewachsen war: Dies wissen wir aus seinem bekanntesten Roman *Poil de Carotte*.

Danièle ist die erste Frau, die ihn wirklich liebt – als Mann und als Schriftsteller. Sie trägt stolz seine ersten Gedichte in den Salons und Konzertsälen vor und nicht nur das! Sie bringt dem groben, aber sensiblen Schriftsteller die Manieren bei.

Die *éducation sentimentale* von Jules Renard übernimmt sie praktisch als *éducation tout court*. Was Madame Lepic – Renards Mutter in dem genannten Roman – versäumt hatte, holt Danièle mit Spaß nach.

In *»Die Lust sich zu trennen«* heißt es: »Ich hatte Spaß daran, Sie zu formen. Ich will mich nicht rühmen. Sie waren zwar intelligent, aber dank meiner sind Sie vornehm geworden. Jetzt haben Sie Stil. Sie fluchen nicht mehr. Sie sprechen höflich mit Frauen und behalten dabei Ihre Zigarette nicht mehr im Mund. Sie tragen Handschuhe. Sie pflegen Ihre Hände. Sie räumen Ihre Sachen auf. Ich war es, die Ihnen den Gebrauch von Strumpfhaltern beigebracht hat, und Ihre Socken rutschen Ihnen nicht mehr auf die Schuhe.«

Aus der Tatsache, daß in Renards Werk alles

rigoros autobiographisch stimmt, kann man schließen, daß die Beziehung fast vier Jahre gedauert hat. Am 28. April 1888 heiratet Renard die 17jährige Marie Morneau, die liebevolle Marinette, die ihm durch Vermögen und Einfühlsamkeit die Möglichkeit zum Schreiben sichert, und es ist wohl zu vermuten, daß ungefähr um dieselbe Zeit Danièle ihren guten Monsieur »Guireau« zum Altar geführt hat.

Ob sie die Regie für Renards Heirat tatsächlich so kühl und rationell geführt hat, läßt sich aus objektiven Quellen nicht nachweisen. In allen Biographien über Jules Renard wird sie immer nur flüchtig erwähnt. Sicher ist, daß in dieser Lebensinszenierung beide Protagonisten Opfer ihrer Situation sind. Es war bestimmt schmerzlich, selbst für einen Schriftsteller wie Renard, der sich nie scheute, sein Privatleben Schwarz auf Weiß in die Öffentlichkeit zu tragen, in Zeiten, in denen dies nicht selbstverständlich war, seine Erfahrungen in Szenen und Dialogen auf die Bühne zu bringen. Aber es war auch eine sehnsuchtsvolle Erinnerung an eine Frau, die ihm so viel bedeutet hatte.

Diese Frau ist einige Jahre später in den ersten Theaterstücken von Jules Renard unter dem Namen Blanche erschienen. Das erste, *Die Maîtresse,* ist dem deutschen Leser in diesem Verlag bereits bekannt gemacht worden; das zweite, *Die Lust sich zu trennen,* wird ihm jetzt zugänglich gemacht.

Die Lust sich zu trennen wurde 1897 mit einem *succès fou* erstmalig auf die Bühne gebracht. In den Hauptrollen spielten Henry Mayer und Jeanne Granier als Maurice und Blanche (Jeanne Granier hatte auf ihre Gage verzichtet um die Premiere zu ermöglichen). Seitdem ist dieses Stück in Frankreich über 147 Mal in verschiedenen Inszenierungen vorgestellt worden. Zahlreiche Rundfunk-, Fernseh- und Schallplattenaufnahmen zeugen von der Vitalität dieses Meisterwerks.

»Sie sind die Blume, die man nicht pflückt«
Madame Rostand

Aus dem Jungen, dem Danièle begegnet war, ist inzwischen ein Mann und ein erfolgreicher Autor geworden. Jules Renard genießt jetzt die uneingeschränkte Sympathie von Sarah Bernhardt, läßt sich in der Theaterwelt sehen und frequentiert Lucien Guitry, André Antoine (den Erneuerer der französischen Bühne und Begründer des *Théatre libre*), Tristan Bernard, und vor allem den vier Jahre jüngeren Edmond Rostand, dem er *Die Lust sich zu trennen* offiziell widmet, wie auch dessen Frau.

Die Paare Renard und Rostand treffen sich oft und unternehmen viel zusammen. Dem liegt nicht nur die Bewunderung für die Erfolge des jüngeren Kollegen zugrunde. Edmond Rostand, heute fast in Vergessenheit geraten, war damals, im Paris des Fin du Siècle, ein Autor, der sogar dem populären und gefeierten Victor Hugo vorgezogen wurde. Sein Ruhm wird sich steigern, und 1901 wird er in die *Academie Française* zu den »Unsterblichen« aufgenommen! Aber er lebt im literarischen Gedächtnis heute nur noch dank seines Theaterhelden mit der langen Nase und dem weichen Herz, *Cyrano de Bergerac,* von dem selbst Renard begeistert war.

Edmond Rostand war mit der Dichterin Rosemonde Gérard verheiratet, einer Frau, die von Anfang an eine tiefe Faszination auf Jules Renard ausübte.

Am 30. April 1895 charakterisiert Renard zum ersten Mal in seinem Tagebuch seinen Schriftstellerkollegen treffend: »Rostand, ein bißchen jung, ein bißchen alt, ein bißchen kahl«.

Am 13. Mai aber schreibt er länger über dessen Frau: »Madame Rostand errät instinktiv, ob eine Sache gut ist oder schlecht. Sie öffnet ein Buch, liest zwei Seiten, verbleibt dabei und irrt sich nie. Das gilt nur für Verse. Sie sagt, sie kenne sich in der

Prosa nicht aus ... Sie hat ja einen Gedichtband veröffentlicht. Sie spricht nicht mehr darüber. Sie versucht, noch ein Exemplar für mich wiederzufinden. Sie ist nur daran interessiert, über Literatur zu sprechen ... Sie liebt Tiefgehendes und Originelles, Extravaganzen so viel man will, aber greifbare«.

Sie ist die ideale Gesprächspartnerin für Jules, und die beiden verstehen sich sofort blendend, ja genießen den Gedankenaustausch. Anders als Danièle, die sanft, geduldig und vernünftig war, ist Rosemonde schillernd, belesen, schlagfertig und charmant, was natürlich einen Wortfechtmeister wie Renard nur auf's angenehmste herausfordert.

Madame Rostand zählte zu den schönsten Frauen von Paris, und in dem Bühnenstück *Das tägliche Brot* drückt Renard seine Bewunderung zügellos aus: »Sie sind eine außergewöhnliche und strahlende Pariserin, die alles weiß, die alles liest, die alles sagen kann und alles beurteilen. Es ist unglaublich: Sie hätten das Recht frivol zu sein, flatterhaft, ätherisch, und Sie haben gesunden Menschenverstand, großartigen gesunden Menschenverstand«.

Gewiß hat er viel auf Marthe projiziert von den großen Frauen, mit denen er freundschaftlich verbunden war: Sarah Bernhardt, Misia Godebska,

Marthe Brandès, Georgette Leblanc. Es waren die glänzendsten, elegantesten und begabtesten Frauen seiner Zeit. Dennoch, daß es zu Unannehmlichkeiten mit Edmond Rostand kommen mußte, war unvermeidlich. Auch die Verschiebung der Handlung außerhalb von Paris in ein Chalet in den Vogesen, wo das Ehepaar Renard mit anderen Freunden den Juli 1895 verbracht hatte, nutzte nichts. Rostand sah, nicht ganz zu Unrecht, in dem Stück eine »übel wollende Reportage«. Renard wird es bedauert haben, aber die Beziehung zu Edmond Rostand wurde nie wieder wie zuvor.

Renard widmet das Stück Tristan Bernard. Die Premiere fand am 14. März 1898 statt, mit Marthe Brandès und Lucien Guitry in den Rollen von Marthe und Pierre. Der Erfolg ließ nicht auf sich warten und hat bis heute nicht nachgelassen.

Léon Guichard, der große Renard-Kenner, sieht die unwiderstehliche Stärke von *Das tägliche Brot* in seinem inneren Aktionspendel. Renard läßt die Gefühle der Protagonisten, unter Verzicht auf jeden Bühneneffekt, sich steigern in einem meisterhaften *crescendo* von Erregung und Bewegtheit, bevor diese Gefühle wieder in einem *decrescendo* in die alltägliche Entsagung abklingen.

Am Ende wird sich alles in einem Handkuß kristallisieren, dem schönsten, der je auf die Bühne gebracht worden ist. Dies war die letzte Anspielung auf eine Begegnung mit Madame Rostand, die er kurze Zeit vorher bei Sarah Bernhardt gesehen hatte.

Renard wußte nie richtig einen Handkuß zu geben, war davon fasziniert, fürchtete aber, sich dabei lächerlich zu machen. Am 10. Dezember 1896 trägt er in sein Tagebuch ein: »Ich schaffe es nicht, einer Frau beim Anziehen einer Mantille zu helfen«, in der Tat reicht er Madame Rostand den kostbaren Schulterumhang verkehrt herum und flüstert ihr zu:

»– Es muß einmal sein, daß ich Ihnen an einem Tag, an dem wir allein sind, in einer stillen Ecke, die Hand küsse, um zu sehen, wie man das macht.

– Es ist ein bißchen unter dem Handgelenk, sagt sie, daß es anfängt zu schmecken.«

Mit dieser kleinen erotischen Antwort haben wir wieder Madame Rostand vor uns, wie sie Jules Renard begehrt hat!

Vincenzo Orlando